A TOUT LE MONDE

ON DEMANDE

UNE PROPRIÉTÉ NOUVELLE

PAR BREVET D'INVENTION

S. G. D. G.

On lit au *Moniteur* du 28 mai :

La sous-commission chargée de préparer un projet de loi pour réglementer la propriété littéraire et artistique, est sur le point de terminer son travail après avoir successivement entendu les diverses corporations que la question intéresse. *Une réunion générale de la commission aura lieu prochainement.*

PARIS

IMPRIMERIE DE CH. DAHURE ET Cie
RUE DU FAUBOURG, 9

1862

A TOUT LE MONDE

ON DEMANDE

UNE PROPRIÉTÉ NOUVELLE

PAR BREVET D'INVENTION

S. G. D. G.

On lit au *Moniteur* du 28 mai :

La sous-commission chargée de préparer un projet de loi pour réglementer la propriété littéraire et artistique, est sur le point de terminer son travail après avoir successivement entendu les diverses corporations que la question intéresse. *Une réunion générale de la commission aura lieu prochainement.*

PARIS

IMPRIMERIE DE CH. LAHURE ET Cⁱᵉ

RUE DE FLEURUS, 9

1862

A TOUT LE MONDE.

ON DEMANDE

UNE PROPRIÉTÉ NOUVELLE

PAR BREVET D'INVENTION S. G. D. G.

AUX AMIS LECTEURS. — LE DANGER,

Alerte, alerte, mes amis! Bonnes gens, mes amis! gens simples, mes amis! dormeurs de profession de tous les métiers, mes amis! alerte, réveillez-vous! C'est une grande affaire. Quoi! vous dormez encore? Alerte! La littérature est en péril, l'État en danger! Vous dormez toujours? Mais vos biens sont en danger! Au feu! Ah! j'entends battre la générale, à la bonne heure! — Silence donc pour savoir où courir! — Courez partout, tout est en danger, liberté, égalité, propriété. Courez les uns à la Chambre, les autres au Sénat, les autres au Conseil! usez un instant du droit de penser, de parler et d'écrire pour repousser de vos efforts et de vos votes l'institution d'une propriété nouvelle, d'une propriété qui n'est que la matérialisation du mérite, l'hérédité du mérite, la consécration de l'injuste.

C'est un appel à tous; l'ennemi de l'humanité, l'égoïsme, a envahi le champ de bataille; les plaideurs et les avocats sont entassés au fauteuil du juge, ils rendent des arrêts que tout le monde va bientôt subir, dit-on, si vous n'y mettez bon ordre. Êtes-vous propriétaires? Courez, pour qu'en introduisant une propriété bâtarde à côté de la vôtre, vous ne fournissiez pas aux ennemis de la propriété un argument de bâtardise. N'êtes-vous pas propriétaires? Courez quand même, car c'est précisément sur vous que l'on compte pour faire les frais de cette propriété nouvelle. Mais vous êtes poëtes, littérateurs? Alors taisez-vous, restez modestement chez vous, c'est de vous dont il s'agit, taisez-vous donc, de grâce; surtout ne jugez pas, ne vous jugez pas, de grâce, vous-mêmes; laissez un court instant parler les autres, libre à vous de ne pas écouter et de répondre ensuite.

Donc, ô public, que je vous dise bien vite le fait de ces messieurs avant que vous ne soyez leur complice involontaire et leur victime, avant que le projet de loi ne soit présenté aux Chambres. Ils se plaignent de votre ingratitude, et ils veulent vous la faire avouer. Oui, ami lecteur, pour eux vous êtes ce qu'il y a de pire au monde; un ingrat, un traître même. Depuis que le monde est monde ces messieurs vous servent, et pour les récompenser vous les laissez mourir de faim. Ainsi la tragédie en enfante une autre, et les orphelins du poëte sont réduits à vivre de la charité publique. Ces messieurs sont les plus malheureux des hommes parce qu'ils en sont les plus désintéressés, et que vous, ô bourreau de public, vous en abusez indignement.

Oui, non content de déclarer que beaucoup sont de pauvres cancres, non content de n'agréer qu'un petit

nombre de leurs ouvrages, non content d'avoir inique-
ment jugé et décidé pour toujours que toute œuvre
de l'esprit n'est pas œuvre d'esprit.... j'en rougis!
vous allez jusqu'à leur refuser la propriété de leur
livre, de ce livre *qu'ils vous ont donné*, qui est leur ouvrage, et qui, avant eux, n'était pas plus votre propriété, à vous public, que le soufflet qu'ils vous donnent en vous traitant d'ingrat et de traître.

Pour ces pauvres messieurs y a-t-il, je ne dis pas des
honneurs, mais place au soleil? Où rencontrez-vous
des écrivains? est-ce à l'Académie? à l'Institut? au
Sénat? à la Chambre? dans les conseils? dans l'admi-
nistration? en place? Les chaires ne sont-elles pas
pour les gens de guerre et les industriels? tout cela
est-il fait pour eux? peuvent-ils y prétendre? Non, ils
sont sans récompenses!

De quoi vivront-ils donc? Est-ce assez pour soutenir
leur existence, *pour satisfaire aux besoins de leur position*, de recueillir pendant toute leur vie et encore
trente ans après leur mort les mêmes fruits de leurs
œuvres *que s'ils en étaient déclarés absolus propriétaires?* Est-ce assez de laisser cette jouissance à leurs
enfants du premier et même du second degré? Est-ce
là assez pour vivre, et pour vivre tranquille? Non,
non, quand on travaille on a bon appétit, même en
restant assis dans son fauteuil, et de plus il faut des
sécurités pour l'avenir. Donc, ils viennent vous de-
mander que ces mêmes avantages qu'ils retirent eux
et leurs enfants de leurs livres, leur descendance les
en retire aussi pour l'éternité. Ne pouvez-vous pas
leur accorder cette sécurité pour l'avenir de leur race,
ou s'ils vendent le livre pour la race de leur libraire?
Ne pouvez-vous leur accorder un si petit privilége à
eux, ou à leur libraire, ô vous qui versez l'eau-de-vie

au soldat pour tromper son appétit et remplacer son
sang? On doit bien autre chose aux hommes de lettres!
ces pères nourriciers de l'intelligence, ces fabricateurs
de la paix et de la sécurité publique!

Soit, mais formulez au moins vos prétentions pour
que le public fatigué de vos importunités et effrayé
par vos outrages puisse à la fin vous satisfaire.

Eh bien, disent-ils, nous voulons être propriétaires
de nos œuvres, quand même cela ne nous servirait à
rien pour nous ; tant pis si c'est absurde, et si la propriété littéraire n'existe que dans les mots ; de plus,
nous voulons un autre avantage ; c'est que notre descendance, grâce à cette belle institution, soit récom-
pensée *in æternum* pour notre mérite à nous ; tant pis
encore, si cela viole les principes les plus vulgaires
du bon sens ; on s'arrangera pour tout concilier en
employant des mots obscurs et d'incompréhensibles
phrases ; nous demandons, non comme une faveur,
mais comme un droit, que personne n'y puisse rien
comprendre ; en un mot, notre raison pour que la
propriété littéraire ne soit pas un privilége c'est que
c'est un droit, et nous n'en sortirons jamais.

Fort bien, et à présent que ce beau discours est ter-
miné, s'il s'agit d'autre chose, vous reprenez votre
habituel langage, vous enfourchez votre dada ; donc,
chantez-nous les principes de 89 jusqu'à nous en-
nuyer! Qu'importe si la récompense du mérite des
pères est perpétuée dans la personne des descendants ;
qu'importe que ce soit là l'anéantissement des décrets
de la nuit du 4 août. En effet, Messieurs, je dois m'in-
cliner, je m'incline ! N'est-ce pas vous qui avez fait la
révolution ? Qui oserait donc vous traiter de réaction-
naires ? Qui autre que vous peut défaire la révolution
que vous avez faite ? La révolution (comme vous dites

pour vos livres) n'est-elle pas votre œuvre et par con-
séquent votre propriété ? Admirable raisonnement.

J'en conclus que vous n'étiez pas nobles, et qu'il
vous fallait la nuit du 4 août. Maintenant vous êtes
parvenus ; maîtres de l'opinion, vous demandez un
édit de Kierry-sur-Oise, c'est-à-dire l'hérédité des bénéfices acquis par le mérite, des charges, des offices don-
nés en récompense du salaire que gagnait l'ancêtre.
Seulement l'édit de Kierry consacrait le privilége pour
les gens d'épée, notre édit consacrera la perpétuité du
privilége pour la noblesse de plume.

O vrais apôtres des doctrines libérales, ce n'est pas
tout encore ! Sur qui pèsera le bénéfice héréditaire
que vous réclamez ? Sur votre propre gloire d'abord,
et sur la circulation de vos propres œuvres qu'il op-
primera ; ceci c'est votre affaire : mais votre autre victime qui sera-t-elle ? Le public, et dans le public les
vrais descendants des gens d'esprit et de travail, ceux
qui parmi la jeunesse veulent parvenir au talent et au
mérite, les seuls qui se meublent d'une bibliothèque
et donnent hospitalité aux chefs-d'œuvre. Ainsi cela
n'est-il pas bien libéral, vous récompensez l'ayant
cause du parvenu aux dépens de ceux qui veulent parvenir, voilà qui est bien clair. Admirons, Messieurs,
la moralité et la justice de vos doctrines !

A CES MESSIEURS. — LA LUTTE.

Dans notre extrême faiblesse à reproduire par nos discours ce que pourtant notre intelligence peut saisir, nous
figurons, nous imaginons sans cesse, tant pour mieux
apercevoir les choses nous-mêmes, que pour initier da-

vantage et plus exactement à nos vues ceux à qui nous nous adressons; c'est ainsi que souvent on emploie ces mots : *Le domaine de la pensée.* En effet, chaque homme qui pense, trace comme un sillon à travers le monde des idées. — Mais semblable à l'océan est ce domaine de la pensée; il appartient à tous, et chacun, sans se rendre coupable de violence, peut y suivre impunément la trace d'un autre, et la barque légère peut s'aider du courant d'un gros navire, l'atteindre et même le devancer.

A coup sûr, voilà ce que nous ne pourrions empêcher nous-mêmes selon le droit naturel, car la violence n'est permise que contre la violence ; et cependant, grand intérêt peut-être, à ce qu'en certaine manière, personne ne puisse suivre nos pas, effacer notre trace, parce qu'il est glorieux d'avoir atteint des latitudes nouvelles, d'avoir aperçu des horizons jusqu'alors inconnus; parce qu'il pourrait être profitable, même pécuniairement, d'avoir évité des écueils jusqu'alors inévitables, et d'être arrivé au but souvent lucratif du voyage tant désiré.

Et pourtant, moins encore que l'océan, le domaine de la pensée est susceptible d'appropriation, ce domaine dont les mêmes parages peuvent être sillonnés à la fois et sur une même ligne, par deux navires invisibles l'un à l'autre et qui ne soupçonnent pas même leur mutuelle existence.

Faut-il donc que ce navigateur savant et hardi n'ait pour privilége que la conscience de son propre mérite et de sa gloire? O Vertu! toi la seule propriété sacrée par excellence ne suffirais-tu donc pas à sa récompense? Cependant, sage et généreuse, la société intervient; le public reconnaissant promet un droit au mérite pour le récompenser, pour encourager ses efforts, et ce privilége juste et équitable, fondé par la société, c'est ce que vous appelez à tort la propriété littéraire.

Ainsi du droit de propriété et du droit des auteurs connaissez désormais la différence. La propriété, fruit de la nécessité, est protégée par la société, qui dans cette protection voit pour elle une question de vie ou de mort; le droit des auteurs, fruit de la convenance morale et de la reconnaissance du public, est aussi protégé par la société, qui se fait de cette protection un devoir véritable. Tandis que la propriété est un droit par elle-même, le droit des auteurs est aussi un droit, mais, quand la société l'a établi comme un droit, car avant ce n'est pas autre chose qu'un mérite à récompenser, qu'il est juste de récompenser, mais qu'il n'est nécessaire de récompenser, que parce que la société se fait un devoir de récompenser tous les mérites. Le droit des auteurs ne vient pas du *suum cuique*, c'est *aliud pro alio*, c'est-à-dire il ne s'agit pas du principe *à chacun sa chose*, il s'agit d'une chose que l'on donne pour une autre; or, pour quelle autre? pour *le mérite*; donc ce que l'on donne est une récompense, *un privilége du mérite*.

Le droit des auteurs, tel qu'il existe encore aujourd'hui dans notre législation, c'est absolument comme la récompense que l'on accorde à l'action d'éclat, la croix de la Légion d'honneur par exemple; le domaine de l'honneur n'étant pas plus appropriable que le domaine de la pensée, la générosité sociale y supplée; et la loi est sage.

Si la propriété *est nécessaire*, il faut admettre que le droit des auteurs n'est pas une propriété, car jusqu'à présent cette propriété n'a pas existé; or, on s'accorde à dire, que si dans la théorie on méconnaissait un instant l'application du droit de propriété il y aurait un bouleversement complet de la société.

Je veux ajouter un caractère à ces différences, bien que la raison me paraisse déjà devoir être pleinement satisfaite. Disons, pour préciser davantage encore, que le livre *est une œuvre et un ouvrage*, qu'au contraire la propriété est essentiellement le résultat d'une œuvre, d'un ouvrage, et qu'elle n'est jamais l'ouvrage lui-même ; donc, il est impossible de dire qu'on est propriétaire du livre, on ne devient jamais propriétaire que des fruits qu'engendre la reproduction du livre[1].

Tout ce qui précède est incontestable, et après tout ce qui a été dit d'obscur en cette matière, il ne me semble pas possible de jeter les vérités derrière les mots avec plus d'évidence. Répétera-t-on encore après cela que l'on est propriétaire du livre, et que les droits utiles que peut avoir l'auteur, ces droits contre la contrefaçon et le plagiat, lui sont garantis autrement que par un privilége, œuvre d'une loi juste et équitable ?

Après ces différences entre le droit de propriété et le droit reconnu aux auteurs par suite de privilége légal, au point de vue de notre système entièrement conforme à la législation actuelle que nous cherchons ici à défendre, traçons les caractères du rapport de l'auteur avec son livre.

Vous créez un livre, voilà une œuvre par laquelle vous commencez à agir dès que la publicité vous est acquise ; cette œuvre vous est imputable en bien et en mal, comme toute œuvre, aussi peut-on, à son occasion, vous récompenser ou vous punir. Vous soutenez votre livre ; tant que vous vivez il vit de votre vie ; vous

---

1. Les mots œuvre et ouvrage qui ont un sens double sont pris ici dans le sens actif.

lui devez cette réputation qui fait qu'on vous salue dans la rue, et lui, le livre, il emprunte de l'éclat à tel autre fait qui vous est propre, soit un livre, soit une action célèbre. N'avons-nous pas vu des livres faire du bruit parce que leur auteur était fort à la mode? Votre livre et vous vivez donc d'une même vie, et je dirais que vous ne faites qu'un si vous deviez mourir ensemble; mais, admirable privilége de l'art d'écrire, par votre livre vous agirez peut-être au delà du trépas. Lors de votre mort, votre livre naît d'une vie nouvelle; à l'avenir, il sera seul pour se défendre et vous défendre vous-même contre l'oubli. Aussi dit-on qu'on se survit à soi-même par ses œuvres. Il y a donc, pour ainsi dire, entre l'auteur et son livre un rapport d'identité dont vous voulez à toute force faire un rapport de propriété. Mais ne voyez-vous pas que si ce que je viens de dire est vrai, il y a là quelque chose de plus personnel encore qu'un rapport de propriété personnelle? En résumé, notre livre c'est notre action, notre action, c'est notre vie, et notre vie, c'est nous-mêmes.

Comment donc voudrait-on que cette position de l'auteur par rapport à son ouvrage fût transmissible à des ayants cause? Hérite-t-on de la vie et du mérite, et peut-on vendre la valeur personnelle?

De tout ce qui précède, il résulte deux choses : 1° quant au gain ou profit qui peut venir d'un monopole pesant sur la reproduction du livre, c'est par suite d'un privilége qu'il est garanti à l'auteur pendant sa vie, ainsi qu'à sa veuve et à ses descendants pendant trente ans après sa mort (loi du 8-15 avril 1854), afin de récompenser le travail d'un auteur qui aurait été prématurément frappé avant de pouvoir retirer le moindre profit de ses œuvres;

2° Le rapport de l'auteur lui-même avec son livre

n'est pas susceptible d'être réglementé par des lois ; il ne saurait être qualifié de propriété, il ne peut même être comparé à un droit de propriété; nous dirons que c'est un fait inattaquable, indestructible, qu'aucun législateur ne peut atteindre.

Faisant une fidèle application de ces principes, nous saurons répondre à tous les arguments invoqués contre nous, et montrer l'inanité de tous les systèmes autres que le *système fondamental* de la loi actuelle, le système du privilége.

On s'est demandé d'abord pourquoi l'auteur d'un livre ou d'une composition musicale n'aurait pas sur son livre, c'est-à-dire sur la partie par lui exploitée du domaine de l'intelligence, les mêmes droits que le propriétaire foncier sur son fonds; nous nous bornons à répondre que c'est parce que le domaine de l'intelligence n'est pas susceptible d'appropriation. (Voir ce que nous avons dit plus haut.)

Pourquoi n'aurait-il pas les mêmes droits que l'horloger sur la montre par lui fabriquée? Nous répondons que la montre n'est pas une œuvre, mais le produit d'une œuvre; le livre au contraire, c'est un produit aussi, mais un produit direct de l'intelligence, c'est-à-dire une œuvre. Kant a dit : « Le livre, c'est l'usage des forces et des facultés de l'auteur. »

On lit dans un article de journal : « M. Thiers établit, d'accord avec les autorités les plus accréditées sur la matière, *que le vrai fondement de la propriété c'est le travail lui-même;* or il n'y a pas de paradoxe à dire que la propriété intellectuelle est fondée, comme toutes les autres propriétés, sur le travail, sur la création d'une valeur nouvelle, qui se traduit économiquement, etc. » — Or, remarquez, il y a là une contradiction qui saute aux yeux ; si vous faites du livre l'objet de la propriété, comme le livre c'est le travail lui-même, vous n'étayez plus cette propriété sur le travail qui doit la légitimer ; pourtant la proposition contient du vrai. En effet, selon moi, le livre est le travail ; il produira la propriété, grâce au privilége, sans lequel il ne produirait rien ; mais il n'est pas l'objet de la propriété. L'objet de la propriété, c'est l'émolument du travail ; émolument qui, tant qu'il est à acquérir, est une récompense exclusivement revendicable par le méritant, et une fois acquis n'est plus une récompense, mais une propriété fruit de la récompense. M. Thiers n'a pas dit la propriété c'est le travail, ni le travail c'est la propriété ; M. Thiers a dit la propriété naît du travail, c'est le fruit du travail, et en cela il a bien dit.

Mais ce qu'il y a, selon moi, de vraiment curieux, c'est que nous trouvons dans le même article le passage suivant : « Pour nous, qui ne sommes pas des gentilshommes de lettres et qui ne sentons ni répugnance ni dédain raffiné pour les mœurs libérales et bourgeoises de notre siècle, nous n'hésitons pas entre les deux régimes ; (1) nous préférons hautement le droit commun, l'égalité devant le Code civil, au régime arbitraire et bâtard, au prétendu privilége qui, sous une fausse apparence et le faux éclat du mot, ne sert qu'à marquer un véritable servage pour les lettres et les arts, (2) puisqu'ils condamnent ceux qui les cultivent à choisir entre la misère et des chaînes dorées, entre l'hôpital ou les antichambres ministérielles, entre la meule de Plaute et la livrée de Mécène. » Je ferai ici une réponse séparée pour chaque partie de cette période : 1° Que si ce dont les auteurs jouissent actuellement est un privilége, ce n'est pas le droit commun qu'ils demandent, ni l'égalité devant la loi, mais l'accroissement d'un privilége ; et je renverrai l'honorable écrivain à ce que j'ai dit dans la première partie de ce travail (*in fine*) sur la légitimité *de cette extension*. Je n'ajouterai ici qu'une petite comparaison entre celui qui sert son pays par la plume et celui *qui le sert autrement*, par exemple par l'épée.

MÉRITE DE PLUME.

Le mérite de plume est le fruit du courage qui a su affronter de grandes difficultés, et il est aussi le fruit de l'intelligence qui a été le principal instrument de mérite ; donc c'est un mérite fondé sur les œuvres de l'esprit.

Le mérite de plume qui ne saurait produire des avantages pécuniaires par lui-même à celui qui peut pourtant se faire gloire de ce mérite, est récompensé pendant la vie de l'auteur et trente ans après sa mort par la société qui lui accorde un privilége sur la reproduction de son livre.

En dehors de ces récompenses nous trouvons la croix, les places, les dignités, etc. (et sauf la croix je suis bien sûr que si l'on comptait, il y aurait moins de places pour les militaires que pour les gens de plume).

ON DEMANDE

Pour le mérite de plume que le privilége, c'est-à-dire la récompense du mérite, soit héréditaire ; et par là on prétend rentrer dans le droit commun.

MÉRITE D'ÉPÉE.

Le mérite stratégique est le fruit du courage qui a su affronter de grands périls, et il est aussi le fruit de l'intelligence qui a été le principal instrument de mérite ; donc c'est un mérite fondé sur les œuvres de l'esprit.

Le mérite d'épée qui ne saurait produire des avantages pécuniaires par lui-même à celui qui peut pourtant se faire gloire de ce mérite, est récompensé pendant la vie par des appointements et des pensions.

En dehors de ces récompenses nous trouvons la croix, les places, les dignités, etc. (et sauf la croix je suis bien sûr que si l'on comptait, il y aurait moins de places pour les militaires que pour les gens de plume).

ON DEMANDE

Que mettre en regard ? !

Cette comparaison peut s'appliquer, à tout mérite, au prêtre, au magistrat, à l'homme d'État, etc., etc. Le public comprendra j'espère qu'il n'y a pas besoin de plus longs commentaires. Passons au (2°) « puisqu'ils condamnent ceux qui les cultivent à la misère, ou aux chaînes dorées, etc. » Pauvres littérateurs ! Voilà bien qui prouve que vous êtes de bonne foi dans votre erreur ! Mais que voulez-vous, il faut pourtant dire au public la vérité. Ou le littérateur est un homme de mérite et serait récompensé par la publicité, ou c'est un homme sans moyens et la publicité lui est à jamais interdite par la dure nécessité des choses. Dans la première hypothèse, la perpétuité du droit des auteurs ne serait d'aucun secours à l'auteur lui-même, puisqu'il jouit déjà durant sa vie de tout le bénéfice de la reproduction : dans la seconde hypothèse la perpétuité du droit ne servira jamais à personne. Votre but, n'est-ce pas, c'est d'empêcher les Gilbert de mourir de faim ? Eh bien, à quoi eût servi à Gilbert la propriété littéraire la plus absolue de ses œuvres? A rien ! Il l'eût vendu pour un morceau de pain à un imprimeur libraire, dont les petits-enfants, conservant cette propriété, en tireraient des bénéfices énormes. Voilà le beau résultat de votre propriété littéraire ! Ce n'est pas à coup sûr ce que vous croyez obtenir, mais c'est à coup sûr ce que vous demandez.

Un remède, un seul remède existe à des inconvénients et des dangers que personne ne conteste, à des périls que les jeunes auteurs ne peuvent toujours éviter et où souvent ils se perdent ; ce remède c'est l'institution perfectionnée d'un conseil de publication ; c'est la création d'un secours de confraternité parfaite ; puisse l'initiative de cette œuvre, qui aurait des résultats admirables si elle présentait les garanties nécessaires, puisse cette initiative venir d'un gouvernement qui proclame avec raison qu'il est de son devoir de protéger tous les mérites et surtout les plus abandonnés par les garanties de nos institutions toujours imparfaites mais que nous devons toujours tendre à perfectionner.

Paris. — Imprimerie de Ch. Lahure et Cie, rue de Fleurus, 9.

www.ingramcontent.com/pod-product-compliance
Lightning Source LLC
LaVergne TN
LVHW010833180726
843502LV00009B/3547